De bois et d'acier

Pièce en 3 actes, débutée un 13 décembre.

ré.-Écrite entre le 4 et le 26 décembre,
d'une autre année.

De bois et d'acier

R-E. D.

© 2025 R-E. D.
Édition : BoD · Books on Demand, 31 avenue Saint-Rémy, 57600 Forbach, bod@bod.fr
Impression : Libri Plureos GmbH, Friedensallee 273, 22763 Hamburg (Allemagne)
ISBN : 978-2-3225-5620-5
Dépôt légal : janvier 2025

Pour la princesse,
qui a fait grandir le royaume de mon coeur

Pièce en 3 actes

~

Nostalgie

Échos

Milâd

Nostalgie

Nostalgie I

Je sais ce que ressent Aïda, hélas,

  Quand le soleil brille sur le sable d'or,

Quand le vent, doux, frôle les champs d'extase,

Et que l'eau murmure, calme comme une soie,

  Quand la rose s'ouvre et l'aube s'enlace,

Et que le parfum du matin se fait entendre -

Je sais ce que ressent Aïda, hélas !

Je sais pourquoi Aïda pleure dans l'ombre,

  Quand son cœur est pris entre chaînes et
flammes,

Elle rêve du Nilo, de sa terre, sous un ciel d'ambre,

Mais la guerre l'oppresse, et l'espoir se dissipe.

  Elle souffre de la lutte et de la trahison,

Et les souvenirs font monter une douleur aveugle-

Je sais pourquoi elle pleure dans l'ombre !

Je sais pourquoi Aïda chante dans la nuit,

  Quand son âme est brisée, son corps enchaîné,

Quand l'amour et la guerre l'ont détruit sans bruit,

Ce n'est pas une chanson de paix retrouvée,

 Mais un cri, un appel, qu'elle lance au feu,

Un espoir désespéré qu'elle tend vers l'infini -

Je sais pourquoi Aïda chante dans la nuit !

Interlude

Mix d'Immortels et Jingle Bells

**

Je ne t'ai jamais dit, mais nous sommes immortels,

Fendant la neige dans un traîneau léger.

Sous les cieux étoilés, fonçant à l'appel,

Nos rires résonnent, portés par les clochettes
enjouées.

Pourquoi es-tu parti avant que je te l'apprenne ?

Rient les chevaux, leurs crins au vent,

Nous glissons ensemble, sans fin, sans peine,

Mortels, immortels, tout se confond dans ce chant.

Tintez clochettes, tintez tout du long,

La neige danse sous le pas du cheval.

Les esprits radieux, comme un doux frisson,

Poussent nos cœurs à aimer ce moment fatal.

Le vent nous porte, l'éternité s'éveille,

Le traîneau glisse, tout semble suspendu.

Avais-tu deviné ? Les dieux sous l'arc-en-ciel

Tissent des rêves que l'on n'a jamais perdus.

Refrain :

Tintez clochettes, tintez tout du long,

La neige enveloppe nos âmes joyeuses.

Oh, quelle joie de glisser, sans raison,

Dans un traîneau, où, l'Immortelle danse
heureuse.

***

Se donner corps et âmes,

Est-ce bien raisonnable ?

Nostalgie II

Un jour tout sera derrière nous.

Je vivrai courbé, seul et fou

Dans une maison abandonnée

À l'orée claire d'un bois hanté.

Je marcherai dans le silence

Les feuilles bruissent lointaines

Elles seront pour moi une vague danse

Que je n'entends plus, coule ma peine.

Je serai loin dans mes pensées

Tout le temps écoulé rassemblé

J'aurais des émotions, des sursauts

Bruts, revenant en écho

Du temps où, à gorge déployée,

Je risquais tout pour un baiser.

Jamais déposé, jamais pris.

Réalité cruelle où je ne savais comment demander
Tes bras pour enfin pleurer.

Parfois la plaie vive des malheurs

Reviendra entailler mon corps.

Courbé, seul et noire de douleurs,

Fou, je hurlerai mes remords.

Puis, je me laisserai aller

À la nature embroussaillée

Le désordre et la honte bue

Je dirai aux morts : bienvenus.

Mes fantômes m'accompagneront

Vers la dernière de mes saisons.

Là, le temps se compte en secondes
Las, mon ami, la vie est profonde.

#Fin alternative :

Je me souviendrai de notre lumière,

Des étoiles qui montent de la terre.

Et comment à chaque pas
Tu es resté tout contre moi.

Nostalgie III

Demain à l'heure où reviennent terre et roses,

Je partirai. Je sais que tu m'attends au loin.

J'irai par les chemins où le vent ose,

Là où ton ombre se cache, au bout de mon destin.

Je marcherai les yeux plongés dans l'impossible
oubli.

Sans voir les étoiles, sans entendre l'écho bleu.

Seul, perdu, mon cœur sera lourd de mes non-dits

Le silence sera tinté de feu.

Je ne regarderai ni l'or de l'aube qui tremble,

Ni les vagues qui frôlent l'horizon effacé.

Et quand j'arriverai, je déposerai des jacinthes
fanées sur le temps passé.

Tout sera plus simple dans le dernier de tes
baisers.

Nostalgie IV

Aïe ma pensée, laisse moi plus tranquille

Tu cherches le pardon, voici que la terre s'ouvre,

Une étrange brume est sur la ville,

Portant sur ses ailes des douleurs sourdes.

Pendant que le monde, dans sa folle frénésie,

Se perd dans la course du temps qui fuit,

Elle, sereine, trouve en chaque mélodie

Un éclat de vérité dans ce bruit.

Loin des ombres froides et des voix qui s'éteignent

Elle avance, radieuse, vers l'inconnu,

Son sourire éclaire des routes anciennes,

Et son regard dessine un ciel continu.

Là, dans le présent, le futur se cache ;

chaque mouvement, léger comme la neige,

Me délivre d'un secret qu'elle seule a entendu.

Échos

Écho I

Une cheffe d'orchestre, au costume noir,

Voyageait, la paume de sa main en étendard

Dans des salles trop pleines, dans des salles trop grandes,

Là où les notes s'enchevêtraient

Et le temps se tissait de silence.

Elle effleurait le chant des cieux

Sans comprendre qu'une autre femme,

Là bas, vivait dans l'ombre des mêmes accords.

Elle apprit son existence dans un orage à l'onde obscure,

Un mystère brisé qui vibrait entre les rires et les ombres

Venue d'un monde à côté, là où la lumière est pure,

Le trombone de Sophie avait

Un souffle lourd d'humanité,

Un souffle gris qu'elle ne connaissait pas.

La soeur inconnue aux gestes simples

Eveillait un écho puissant,

Dans la fumée des cantines scolaires

Là, où les rires des enfants

Se mêlent, chaque jour, à la terre.

Nées dans un même battement

Deux graines semées, dans deux terres opposées,

Nourrie de lumière, nourrie de silence.

Elles parlaient, ensemble, une musique secrète

Dans la brume de l'hiver

Sous un ciel lourd d'histoire.

Leurs cœurs jouaient une mélodie étrange

Une symphonie inconnue, au delà de l'espoir

A jamais joué dans le commun et l'habituel.

Écho II

Un doux air me guide vers l'étoile,

Elle brille dans l'écho des sons.

Elle danse sur un fil de brise,

Au cœur des vibrations.

La main des musiciens rêveurs

Et leurs accords pleins de lumière

M'ont fait rester là, sans retour,

Dans ce lieu infini.

La nuit dans des mondes sans harmonie

Devient un voile de silence.

Écho III

Il y a dans cette fleur, plus de rose, qu'un soleil assoupi,

Une volonté infinie de parer de beauté, ce qui est, bas, sous nos pieds

Suis-je seulement réaliste, face à cette terre, qui s'effrite sous mes doigts

Quand mes combats me mènent loin de toi.

Agenouillé, je respire un air trop pur

Pour des poumons, déjà trop pleins

D'un chant de rossignol rieur

Qui réclame, la joie, plutôt que la torpeur

D'un été sans toi, comme sans rien.

Le doigt court sur mes cicatrices

Avec toi, je me sais vulnérable.

L'abandon total me réconcilie avec la terre.

Je m'agenouille, chevalier servant,

Pour cette fleur, d'une beauté parfaite.

Echo IV

1.

La lumière abandonnée reflète une part d'ombre.
La tristesse éclate, comme un navire qui sombre.
J'ai grandi malade, malade dans une vieille
armure
Mon âme s'est perdue dans une blessure
Je te prie, je prie le Dieu blanc.
Je mens. Je me mens.
J'ai peur d'éprouver la liberté des vivants.

Il faut accepter cette peur, l'instant, le flou.
Il serait mort de n'avoir pu parlé.
Mauvais sort que de ne pas être écouté.
Je trace ma voie, et enfin je chante comme un fou.

2.

La violence du monde s'imprime au matin
Dans son iris, il a fait le choix du départ
L'esprit vole. Vole. Son coeur broie le noir.
Un opéra triste lui revient. Vieux refrain.

Ah … le cri est porté vers l'extérieur, résonne
Mon énergie sort plutôt qu'elle ne m'emprisonne.

3.

Dis moi, ô lecteur, où se trouve la beauté ?
Dans le chant de l'oiseau renouvelé au matin ?
Ou dans l'homme, désabusé, hâtant sa fin ?
Les musiques tristes sont pour l'âme des
pansements
De ceux qui les écoutent, encore ici vivants.

Écho V

J'ai la passion douce et c'est heureux

Je plie sous les feuilles d'automne

Genou à terre sous les vagues d'un cri

Je suis devenu fragile et beau

Je ne sais plus quel chemin me porte

Je ne bouge plus, soie sur oubli

Je suis malade, sable et eau,

J'aime le plus lointain aux étoiles,

J'aime le plus pur aux envolées blanches

Je suis solitaire, mais ici je suis clair

Et le blues qui monte de ses mains profondes
Reflètent chaque soir le cœur noir de mes yeux.

Écho VI

Souvent, pour sonder les mystères du monde,
Les hommes audacieux prennent le chemin des
vents,
Qui, comme l'albatros, vastes oiseaux vagabonds,
Suivent, sans fin, les routes des cieux incertains.

A peine levé, le navire aux voiles blanches
Glisse sur l'azur que le soleil touche
Et l'équipage, sans cesse, cherche l'étrange,
Sous l'ombre des étoiles que le rêve couche.

Phileas, son coeur obstiné, tranquille,
Marche sans bruit, dans un éclat de volonté,
Traversant les déserts, les mers mobiles,
Et ses yeux d'acier vont vers l'appel de la vérité.

Mais l'homme, aussi grand qu'un voyageur
d'outre-temps,
Ne fait que fuir sa propre infirmité,
Dans chaque ville, il trouve un peu d'angoisse
Et, maladroit, traîne ses rêves sans clarté.

Il est comme cet albatros, pris dans la tempête,
Qui vole dans le vent avec une grâce rare,
Puis une fois à terre, déchu, maladroit,
Aux ailes d'acier lourdes, perd son art.

"Fuir" dit-il "Fuir encore, sans fin, ni remède,
Où les horizons se multiplient sans fin
Faire de chaque jour une page nouvelle,
Et refaire du monde un décor sans chemin.

Mais au coeur de cette course effrénée,
  Il découvre que l'étrange réside en lui.
Dans ce monde si vaste, et pourtant clos,
  Il trouve enfin sa vérité, sans bruit.

Dote la vie de beauté, de valeur et de sens,
  Fais de la réalité, le fruit de notre essence.
La légèreté est joie de la volonté.

Milâd

Renaissance I

Je vous dirai peut être un jour, tout bas,
Quel vent d'ardeur, quelle douceur, quel émoi,
Portés pour mon cœur en quête d'un Roi,
Ont fait renaître, fragile, sous sa lumière,
Une princesse qui, sur des chemins de vie,
Tissait de la tendresse et des rêves infinis !

Ô amour des âmes ! Amour qui jamais ne s'éteint,
Flamme sacrée qu'un ciel éclaire et soutient !

Table offerte au sein d'un foyer intérieur fidèle,
Où chaque plat de paix se partage en ritournelle,
Chacun y trouve sa place, chacun y trouve son
bien,
Et ton corps, témoin du monde, nous montre le
chemin,
Une voie que l'on trace à deux, à trois, à six,
malgré le destin.

Car ce n'est pas la douleur qui nous définit,
Mais l'amour qui naît de ce que l'on oublie.

On the Nature of Daylight
(Transc. for Saxophone Quartet and Cello)

In life, each heart bears a sorrowed tale,

The deepest ones, we rarely share,

I too have dreamed of fame and light,

Of futures bright, and treasures fair;

But those dreams are now a distant whisper,

My eyes have lost their youthful gleam,

My hands once skilled have lost their art,

I am not old, but in my heart,

The ember hides beneath the dream.

Yet you make me feel that all can shift,

In your gaze, the shadows drift away,

You remind me that, magic's found in simple way,

Each breath a song, each moment plays,

When the universe feels just within reach,

You make me a dreamer, drifting through the stars,

As if my troubles have fallen, far behind,

As if I am, no longer, lost within the endless night.

Tonight, our souls dance among the skies,

The space between us slowly fades,

Your love lifts me beyond the hurt,

And you make me, see, the universe.

***

« On peut donner bien des choses à ceux que l'on aime. Des paroles, un repos, du plaisir. Tu m'as donné le plus précieux de tout: le manque. Il m'était impossible de me passer de toi, même quand je te voyais tu me manquais encore. Ma maison mentale, ma maison de coeur était fermée à double tour. Tu as cassé les vitres et depuis l'air s'y engouffre, le glacé, le brûlant, et toutes sortes de clartés. »

*

"Finalement je n'aime pas la sagesse. Elle imite trop la mort. Je préfère la folie - pas celle que l'on subit, mais celle avec laquelle on danse."

Christian Bobin

Sans retour

Je te l'ai dit pour les étoiles du ciel

Je te l'ai dit pour la lune qui danse sur la mer

Pour chaque souffle, pour l'horizon dans tes yeux

Pour les arbres qui murmurent le secret du vent,
Pour la chaleur de tes mains qui se mêlent au
vent,
Et le froid qui se calme, se perd dans ton chant.

Pour les oiseaux chanteurs,

Pour chaque mot non dit, chaque promesse
invisible,

Et les rires se font vagues qui luisent

Toute caresse toute confiance se survivent.

Je te l'ai dit pour les étoiles du ciel

Milâd II

La couleur de la grâce du ciel est or vermeil.

Un grelot tinte avec une douceur sans pareille.

Devant un livre blanc, une femme chante, pleine
de mystères.

Elle prie l'enfant de garder sa magie entière.

Dehors, les étoiles tombent. Le ciel est bleu azur.

Dans son cœur prêt à jurer, bat un amour pur.

Son sein palpite entre un soupir et deux silences.

L'eau est calme, et sa main est caresse de
bienveillance.

L'étoffe est douce, le nouveau-né s'y love

Il dort derrière une montagne en relief rose.

Il a l'innocence qui, aux lois du père, dérobe

Les certitudes et la raison. La vie s'oppose.

Magnifique et grande dans sa lumière

Pour les autres, avant et après Toi

Sonne, sonne ma prière

De l'Amour Roi.

Mardi

Où es-tu ? Ici

Quelle heure est-il ? Maintenant,

Qui es-tu ? Ce moment, avec vous.

…

Renouveau III

…

Sans le vouloir, elle cache sous d'amples foulards

L'expérience d'une vie. Je soutiens du regard

Les formes qui se dessinent dans ses yeux.

Je devine leurs couleurs dans ses silences heureux.

Puis la musique vient, la musique vient.

Elle est la Joie.

…

Un été par toi IV

Celle du rythme : j'expire. Je mâche un son sûr
Qui emportera des ordeurs de feu
Qui fera naître avec elle une eau pure.
Et joue, mon enfant, un été heureux.

Je veux de la Justice pour chacun d'eux.
Je veux de l'amour insufflé dans nos âmes /
Un chant que je répète, beau comme les cieux,
La lame sublimée de nos anciens drames.

Cet espace libre est pour toi

… Il manque sans doute un acte à tout ça …

C'est peut être le début, c'est peut être
l'aboutissement.

C'est tout à toi en tout cas.

Ton amie

M
*et quelques unes de ses musiques
entières et intérieures.*

Lots of love.